ORDONNANCE
DU ROY
ET
REGLEMENT,

Avec les Lettres patentes fur ladite Ordonnance,

Concernant le fervice des Milices Garde-côtes en Provence.

Du 27 Avril 1746.

DE PAR LE ROY.

LE ROY étant informé que le fervice de la Garde-côte en Provence a été jufqu'à préfent fort négligé, foit par le peu de foin qu'ont eu les Officiers de faire les revûes ordonnées par le règlement du 28 janvier 1716, foit par le défaut de fubordination de la part des habitans de la côte, qui ne s'y rendent pas avec l'exactitude convenable, & ne font point pourvûs des armes, équipemens

A

& munitions qu'ils font obligez d'avoir chez eux en tout tems, conformément à l'article III du titre V dudit règlement de 1716 : Et Sa Majesté voulant y mettre plus d'ordre & de règle qu'il n'y en a eu par le passé, Elle a jugé à propos d'établir dans les Milices gardecôtes de ladite province, une forme particulière qui, en les réduisant à un nombre fixe & permanent, puisse en assurer le service, & les rendre par ce moyen plus utiles pour la garde & la conservation des côtes ; à quoi desirant pourvoir, Sa Majesté a ordonné ce qui suit.

ARTICLE PREMIER.

LES Milices garde-côtes de Provence seront fixées pour l'avenir à deux mille hommes, & seront distribuées en trois bataillons de six cens hommes chacun, & un détachement de deux cens hommes. Les bataillons seront composez de douze compagnies, & le détachement de quatre, faisant en tout quarante compagnies de cinquante hommes chacune.

II.

CHAQUE compagnie sera composée d'un Capitaine, d'un Lieutenant, de deux Sergens, trois Caporaux, quatre Anspessades, un Tambour & quarante Fusiliers.

III.

IL y aura à la tête de chaque bataillon, un Commandant, un Major & un Aide-major, & le détachement sera seulement commandé par un Major.

IV.

IL sera aussi établi un Inspecteur général pour la direction & le commandement général desdites Milices, & lorsque Sa Majesté le jugera nécessaire pour le bien de son service.

V.

LES deux mille hommes de Milices garde-côtes seront fournis & entretenus par les paroisses & lieux maritimes de la province, & Sa Majesté se réserve de fixer par un règlement particulier, le nombre qui en sera fourni par chaque paroisse ; lequel règlement contiendra aussi la division des bataillons & des compagnies, & déterminera des lieux d'assemblée pour chaque compagnie en particulier, & pour la revûe générale de chaque bataillon.

Du 27. ... 1746.

V I.

Les Consuls, Syndics & Prieurs des lieux compris audit règlement, seront tenus de remettre au Commandant du bataillon auquel ils seront affectez, quinzaine après la publication qui en aura été faite, un rôle & dénombrement général de tous les habitans depuis l'âge de dix-huit ans jusqu'à soixante, sans pouvoir en omettre aucun sous quelque prétexte que ce soit; à l'exception néanmoins des Matelots, qui seront dispensez de servir au guet & garde de la côte.

V I I.

Le Commandant du bataillon tirera du dénombrement général qui lui aura été remis, le nombre d'hommes auquel la paroisse aura été fixée; & il dressera un rôle compagnie par compagnie, & paroisse par paroisse, de tous ceux qu'il aura choisis pour former son bataillon, en observant d'y marquer le nom, l'âge, la profession & la taille de chacun d'eux, mais ce rôle n'aura d'exécution qu'autant qu'il aura été approuvé par le Gouverneur général ou Commandant de la province.

V I I I.

Il sera remis à chaque Capitaine un état des paroisses & lieux dont sa compagnie sera formée, avec les noms & signalemens des habitans qui auront été choisis & marquez pour y servir; & lorsqu'il en manquera quelques-uns, soit par mort ou autrement, ils seront remplacez par le Commandant du bataillon, de la manière qu'il est expliqué par le précédent article.

I X.

Chaque Capitaine choisira dans les cinquante hommes dont sa compagnie sera composée, ceux qui lui paroîtront le plus en état de remplir les places de Sergens, Caporaux, Anspessades & Tambours.

X.

Le service des Sergens, Caporaux, Anspessades, Soldats & Tambours, sera seulement de deux années consécutives; & ils ne pourront être obligez de servir de nouveau, que tous les autres habitans n'aient rempli le même service chacun à leur tour: mais pour éviter le renouvellement total des compagnies après les deux années, Veut Sa Majesté qu'il en soit licencié la moitié à la fin de la première année, & qu'il en soit usé de même pour les années suivantes : lequel licenciement sera fait par le Commandant du bataillon, ainsi que le remplacement des Soldats congédiez, sous l'agrément & l'approbation du Gouverneur ou du Commandant de la province.

XI.

TOUT Soldat garde-côte ne pourra pendant les deux années de son service, s'absenter de sa paroisse pour plus de deux jours, sans une permission par écrit de son Capitaine, visée par un des Officiers-majors du bataillon ; mais il sera permis aux gens aisez de mettre un homme à leur place pendant le temps de leur service, pourvû qu'il soit en état de le remplir.

XII.

IL sera fait chaque année par l'Inspecteur, deux revûes générales du bataillon, au lieu qui sera désigné par le règlement particulier, l'une au mois de mai & l'autre au mois d'octobre, après que l'Inspecteur en aura obtenu la permission du Commandant général de la province.

XIII.

IL y aura aussi tous les ans dix revûes particulières de chaque compagnie, au quartier d'assemblée dont la compagnie portera le nom, laquelle revûe particulière se fera au commencement de chaque mois, un jour de dimanche ou de fête, à l'exception seulement des deux mois que le bataillon doit s'assembler.

XIV.

ORDONNE Sa Majesté à tous les Soldats garde-côtes, de se trouver exactement aux revûes, tant générales que particulières, qui seront indiquées sur les avertissemens qui leur seront donnez par les Officiers de leur compagnie huit jours auparavant ; à peine contre ceux qui sans excuse & empêchement légitime manqueront de s'y rendre, d'être mis en prison sur les ordres qui seront à cet effet donnez par le Commandant de la Province.

XV.

POUR faciliter lesdites revûes & engager les Soldats garde-côtes à s'y rendre exactement, Sa Majesté a jugé à propos de faire donner un jour de solde pour chaque revûe particulière, & trois jours pour chaque revûe générale ; laquelle solde sera payée le jour même de la revûe, à raifon de trois livres par jour pour le Capitaine de chaque compagnie, vingt-cinq fols au Lieutenant, dix fols à chacun des deux Sergens, fept fols fix deniers à chacun des trois Caporaux, fix fols fix deniers à chacun des quatre Anfpeffades & au Tambour, & cinq fols fix deniers à chacun des quarante Fufiliers.

XVI.

VEUT pareillement Sa Majefté que pour exciter l'émulation des Officiers de l'E'tat-major, les engager à faire exactement leurs tournées & revûes, & les dédommager des dépenfes qu'ils feront obligez de faire à l'occafion du fervice, il leur foit payé, fçavoir, à l'Infpecteur général deux cens livres par mois, aux Commandans de chaque bataillon quarante livres, aux Majors trente-cinq livres, & aux Aide-Majors trente livres, fur les états qui en feront arrêtez tous les mois par le Commandant du bataillon, & vifez par l'Intendant de la Province.

XVII.

ET attendu que par l'arrangement qu'il plaît à Sa Majefté de faire dans les Milices garde-côtes de Provence, les paroiffes & lieux maritimes fe trouvent extrêmement foulagez, puifqu'indépendamment de l'exemption de la Milice de terre dont elles continueront de jouir, il n'y aura à la fois qu'une petite partie des habitans qui fera affectée au fervice de la côte, au lieu que, fuivant les règlemens de la garde-côte, tous les habitans de l'âge de dix-huit à foixante ans, peuvent être commandez en même temps pour la défenfe des côtes, ainfi qu'il fe pratique dans les autres provinces du royaume : l'intention de fa Majefté eft que les fonds néceffaires pour les appointemens & folde des Officiers & Soldats de la garde-côte, tels qu'ils font réglez par l'article XV de la préfente ordonnance, foient fournis par les communautés fujettes au guet & à la garde de la côte.

Veut pareillement Sa Majefté que la dépenfe à faire pour donner à chaque Soldat un armement uniforme, confiftant en un fufil avec la bayonnette, une cartouche, un pulverin & une bandouliere pour porter la cartouche & le pulverin, enfemble pour l'entretien defdites armes, foit à la charge defdites communautés, & ce fuivant la répartition qui en fera faite par le même règlement, qui déterminera le nombre d'hommes qui fera fourni par chaque communauté.

X V I I I.

L E service des bataillons & des compagnies Garde-côtes sera réglé par le Commandant de la province, suivant l'exigence des cas, & il sera pourvû au payement desdites Milices, lorsqu'elles seront commandées pour la défense & la garde de la côte.

X I X.

VEUT au surplus Sa Majesté que les Soldats de la garde-côte aient la liberté dans les tems ordinaires, de vaquer à leurs travaux & affaires particulières, sans qu'il puisse leur être imposé aucune contrainte ou service journalier par leurs Capitaines, Lieutenans ou Officier-majors, qui ne pourront les assembler que les jours indiquez pour les revûes particulières des compagnies, ou pour la revûe générale du bataillon, sans un ordre exprès du Commandant de la province : sans néanmoins que sous ce prétexte, lesdits Soldats garde-côtes puissent manquer en aucun temps à la subordination dûe à leurs Officiers, à peine d'être punis suivant la rigueur des ordonnances militaires, auxquelles Sa Majesté veut & entend que lesdites Milices garde-côtes soient assujéties, quant à la discipline, enjoignant au Commandant de la province d'y tenir la main.

X X.

LES Commandans de bataillon auront rang de Lieutenant Colonel, les Majors de Capitaine, & les Aide-majors de Lieutenant d'Infanterie : à l'égard des Capitaines des compagnies, ils auront rang entr'eux suivant la date de leurs commissions dans la garde-côte; il en sera de même des Lieutenans, lesquels monteront aux compagnies vacantes par préférence à qualités égales.

X X I.

JOUIRONT les Officiers de l'E'tat-major, de l'exemption de tutèle, curatèle, nomination à icelles & autres charges de ville, & de tous les priviléges portez par l'article v du titre premier du règlément du 28 janvier 1716. Veut aussi Sa Majesté que les Officier-majors qui sont actuellement employez dans les neuf capitaineries, continuent de jouir des mêmes exemptions & priviléges, sans néanmoins qu'ils puissent faire aucunes fonctions, qu'autant qu'ils seront pourvûs de nouvelles commissions.

Du 27. Avril 1746.

MANDE & ordonne Sa Majesté à Monf. le Duc de Penthievre Amiral de France, au Gouverneur ou Commandant général en Provence, & autres Officiers généraux employez fous l'autorité defdits Gouverneur ou Commandant; comme auffi à l'Intendant & Commiffaire départi en ladite province, de tenir la main, chacun en droit foi, à l'exécution de la préfente ordonnance, qui fera lûe, publiée & affichée par-tout où befoin fera. FAIT à Verfailles le vingt-fept avril mil fept cens quarante-fix. *Signé* LOUIS. *Et plus bas,* PHELYPEAUX.

LE DUC DE PENTHIEVRE
Amiral de France.

VÛ l'ordonnance du Roy ci-deffus, à nous adreffée avec ordre de tenir la main à fon exécution: MANDONS & ordonnons à tous ceux fur qui notre pouvoir s'étend, de la faire exécuter fuivant fa forme & teneur, & de la faire lire, publier & afficher par-tout où befoin fera, & en la manière accoûtumée. FAIT à Verfailles le vingt-huit avril mil fept cens quarante-fix. *Signé* L. J. M. DE BOURBON. *Et plus bas,* par fon Alteffe féréniffime. *Signé* ROMIEU.

LETTRES PATENTES DU ROY,
fur l'ordonnance rendue pour le fervice de la Garde-côte en Provence, le 27 avril 1746.

Données à Verfailles le même jour.

LOUIS, PAR LA GRACE DE DIEU, ROY DE FRANCE ET DE NAVARRE, Comte de Provence, Forcalquier & terres adjacentes: A nos amez & féaux les gens tenant notre Cour de Parlement à Aix, SALUT. Sur ce qui nous a été repréfenté que notre règlement du 28 janvier 1716, concernant le fervice de la Garde-côte, n'eft point obfervé en Provence, & que l'on ne peut y établir l'ordre & la discipline, qu'en changeant la forme du service dans cette province, Nous aurions jugé à propos par notre ordonnance de ce jour, de prescrire ce que nous voulons être observé à l'avenir pour le service de la garde-côte dans ladite province : Et voulant qu'elle ait son plein & entier effet, Nous, en confirmant ladite ordonnance ci-attachée sous le contre-scel de notre Chancellerie, l'avons autorisée & autorisons par ces présentes signées de notre main, ET VOUS MANDONS de la faire lire, publier & régistrer avec lesdites présentes, & le contenu en icelles garder & observer selon leur forme & teneur, nonobstant tous édits, ordonnances, règlemens & autres choses à ce contraires, auxquels nous avons dérogé & dérogeons. En témoin de quoi nous avons fait apposer notre scel auxdites présentes : CAR TEL EST NOTRE PLAISIR. Donné à Versailles le vingt-septième jour d'avril, l'an de grace mil sept cens quarante-six, & de notre regne le trente-unième. *Signé* LOUIS. *Et plus bas,* Par le Roy, Comte de Provence. *Signé* PHELYPEAUX. Et scellé du grand sceau de cire jaune.

RÉGLEMENT.

Du 27 Avril 1746.

DE PAR LE ROY.

SA MAJESTÉ ayant jugé à propos par son ordonnance de ce jour, d'établir une nouvelle forme dans les Milices garde-côtes de Provence, & s'étant réservé de fixer par un règlement particulier, le nombre d'hommes qui sera fourni par chaque paroisse maritime, & les sommes pour lesquelles lesdites paroisses auront à contribuer dans la dépense qui sera occasionnée par ce nouvel arrangement : Et Sa Majesté voulant en même temps régler la division des bataillons & des compagnies, & déterminer les lieux d'assemblée pour chaque compagnie en particulier, & pour la revûe générale de chaque bataillon, Elle a résolu & arrêté le présent règlement, pour être exécuté selon sa forme & teneur, ainsi qu'il suit.

LIEUX ET PAROISSES GARDE-COSTES.	NOMBRE D'HOMMES qu'elles fourniront.	SOMMES qu'elles auront à payer	
		Pour l'armement à payer une seule fois.	Pour les dépenses annuelles.

BATAILLON D'ANTIBES.

Compagnie de Cogolin.

Pignans	25 hommes	450 liv.	250 liv.
Cogolin	8	144	80.
La Molle	1	18	10.
Gaffin	3	54	30.
Grimaud	9	162	90.
Ramatuelle	4	72	40.
	50.	900.	500.

Compagnie de Roquebrune.

Roquebrune	26	468	260.
Le Reveft	1	18	10.
Sainte-Maxime	2	36	20.
La Garde-Freinet	10	180	100.
Villepeys	1	18	10.
Saint-Raphaël	3	54	30.
Palayon	1	18	10.
Le Pugeton	6	108	60.
	50.	900.	500.

Deux Compagnies de Fréjus.

Fréjus	40	720	400.
Les Arcs	20	360	200.
Le Muy	10	180	100.
Trans	10	180	100.
Efclans	1	18	10.
La Motte	3	54	30.
Bagnols	6	108	60.
Valbourges	1	18	10.
L'Efterel. Montauroux. Les Adrets.	8	144	80.
Agay	1	18	10.
	100.	1800.	1000.

LIEUX ET PAROISSES GARDE-COSTES.	NOMBRE D'HOMMES qu'elles fourniront.	SOMMES qu'elles auront à payer	
		Pour l'armement à payer une seule fois.	Pour les dépenses annuelles.

Trois Compagnies de Graſſe.

Graſſe.	150 hommes.	2700 liv.	1500 liv.

Compagnie de Cannes.

Cannes.	25	450	250.
La Napoulle.	2	36	20.
Mandalieu.	1	18	10.
Auribeau.	2	36	20.
Valouris.	18	324	180.
Mouans.	2	36	20.
	50.	900.	500.

Compagnie de Saint-Vallier.

Saint - Vallier.	10	180	100.
Mougin.	23	414	230.
Valbonne.	5	90	50.
Saint - Céſaire.	6	108	60.
Cabres.	6	108	60.
	50.	900.	500.

Compagnie de Vence.

Vence.	30	540	300.
Châteauneuf.	10	180	100.
Le Bar.	8	144	80.
Gourdon.	2	36	20.
	50.	900.	500.

Compagnie de Saint-Paul.

Saint - Paul.	30	540	300.
Villeneuve.	4	72	40.
Le Biot.	12	216	120.
Saint-Laurent.	4	72	40.
	50.	900.	500.

LIEUX ET PAROISSES GARDE-COSTES.	NOMBRE D'HOMMES qu'elles fourniront.	SOMMES qu'elles auront à payer	
		Pour l'armement à payer une seule fois.	Pour les dépenses annuelles.

Compagnie du Broc.

LIEUX ET PAROISSES	NOMBRE	armement	dépenses
Le Broc.	7 hommes.	126 liv.	70 liv.
Cagnes.	8	144	80.
Carros.	3	54	30.
Saint-Jeannet.	8	144	80.
Tourrete-les-Vence.	5	90	50.
Bezaudun.	2	36	20.
La Gaude.	7	126	70.
Courfegoules.	4	72	40.
Greaulieres.	6	108	60.
	50.	900.	500.

TOTAL DU BATAILLON D'ANTIBES.	600 hommes.	10800 liv.	6000 liv.

Le bataillon s'assemblera à Antibes, & les revûes particulières des compagnies se feront dans les lieux dont chaque compagnie portera le nom.

BATAILLON DE TOULON.

Compagnie de la Seyne.

LIEUX ET PAROISSES	NOMBRE	armement	dépenses
La Seyne.	30 hommes.	540 liv.	300 liv.
Six-fours.	20	360	200.
	50.	900.	500.

Compagnie de la Valette.

LIEUX ET PAROISSES	NOMBRE	armement	dépenses
La Valette.	22	396	220.
La Garde.	18	324	180.
Sainte-Marguerite.	3	54	30.
Le Revest.	7	126	70.
	50.	900.	500.

LIEUX ET PAROISSES GARDE-COSTES.	NOMBRE D'HOMMES qu'elles fourniront.	SOMMES qu'elles auront à payer	
		Pour l'armement à payer une feule fois.	Pour les dépenfes annuelles.

Deux Compagnies d'Hieres.

Hieres.	80 hommes.	1440 liv.	800 liv.
Collobrieres.	10	180	100.
Bormes.	10	180	100.
	100.	1800.	1000.

Deux Compagnies de Solliés.

Solliés.	75	1350	750.
Belgencier.	10	180	100.
Le Puget.	15	270	150.
	100.	1800.	1000.

Compagnie de Cuers.

Cuers.	43	774	430.
Pierrefeu.	7	126	70.
	50.	900.	500.

Deux Compagnies de la Ciotat.

La Ciotat.	35	630	350.
Caffis.	20	360	200.
Ceyrefte.	5	90	50.
Cuges.	10	180	100.
La Cadière.	30	540	300.
	100.	1800.	1000.

Compagnie d'Oullioulles.

Oullioulles.	35	630	350.
Saint-Nazaire.	15	270	150.
	50.	900.	500.

LIEUX ET PAROISSES GARDE-COSTES.	NOMBRE D'HOMMES qu'elles fourniront.	SOMMES qu'elles auront à payer	
		Pour l'armement à payer une seule fois.	Pour les dépenses annuelles.

Compagnie du Baulfet.

Le Baulfe	. . 22 hommes.	. . . 396 liv. . . .	. . . 220 liv.
Le Caftellet.	. . 15 . . .	. . . 270 . . .	. . . 150.
Evenos.	. . . 5 . . .	. . . 90 . . .	. . . 50.
Gemenos.	. . . 8 . . .	. . . 144 . . .	. . . 80.
	50.	900.	500.

Compagnie d'Aubagne.

Aubagne.	. . 50 . . .	. . . 900. . . .	. . . 500.
TOTAL DU BATAILLON DE TOULON.	. . 600 hommes.	. . 10800 liv.	. . 6000 liv.

Le bataillon s'affemblera à Toulon, & les revûes particulières des compagnies se feront dans les lieux dont chaque compagnie portera le nom.

BATAILLON DE MARSEILLE.

Compagnie de Septemes.

Septemes & les Pennes.	. . 18 hommes.	. . . 324 liv. . .	. . . 180 liv.
Marignane.	. . 20 . . .	. . . 360 . . .	. . . 200.
Gignac.	. . . 8 . . .	. . . 144 . . .	. . . 80.
Châteauneuf-le-Martigues. . . .	. . . 4 . . .	. . . 72 . . .	. . . 40.
	50.	900.	500.

Compagnie des Baumes.

Les Baumes.	. . 15 . . .	. . . 270 . . .	. . . 150.
Pierrefeu & les Cadenels. . . .	. . 10 . . .	. . . 180 . . .	. . . 100.
Simiane.	. . 10 . . .	. . . 180 . . .	. . . 100.
Sainte-Marthe.	. . 15 . . .	. . . 270 . . .	. . . 150.
	50.	900.	500.

Compagnie de Saint-Louis.

Saint-Louis.	. . 10 . . .	. . . 180 . . .	. . . 100.
Seon & Lanerte.	. . 26 . . .	. . . 468 . . .	. . . 260.
Les Aigalades.	. . 14 . . .	. . . 252 . . .	. . . 140.
	50.	900.	500.

LIEUX ET PAROISSES GARDE-COSTES.	NOMBRE D'HOMMES qu'elles fourniront.	SOMMES qu'elles auront à payer	
		Pour l'armement à payer une seule fois.	Pour les dépenses annuelles.

Compagnie d'Arene.

Arene. . . . . }			
Notre-Dame des Petites-crottes. } . . 10 hommes.		. . . 180 liv.	. . . 100 liv
Saint-Lazare. . . . . }			
Le Canet & Saint-Joseph. . . .	. . 23 . . .	. . . 414 . . .	. . . 230.
Saint-Charles. . . . . }			
Notre-Dame de Bon-secours... } . . 17 . . .		. . . 306 . . .	. . . 170.
Saint-Barthelemy. . . . . . }			
	50.	900.	500.

Compagnie d'Allauch.

Allauch.	. . 50 . . .	. . . 900 . . .	. . . 500.

Compagnie de la Valentine.

La Valentine.	. . 11 . . .	. . . 198 . . .	. . . 110.
Allauch.	. . 30 . . .	. . . 540 . . .	. . . 300.
Les Acates.	. . 7 . . .	. . . 126 . . .	. . . 70.
Saint-Mené.	. . 2 . . .	. . . 36 . . .	. . . 20.
	50.	900.	500.

Compagnie de Châteaugombert.

Châteaugombert.	. . 40 . . .	. . . 720 . . .	. . . 400.
Les Olives.	. . 10 . . .	. . . 180 . . .	. . . 100.
	50.	900.	500.

Compagnie des Camoins.

Les Camoins. }			
La Treille. . . } . . .	. . 35 . . .	. . . 630 . . .	. . . 350.
Neoulles. . . . }			
Les Caillols.	. . 12 . . .	. . . 216 . . .	. . . 120.
Roquefort.	. . 3 . . .	. . . 54 . . .	. . . 30.
	50.	900.	500.

Du 27. Avril 1746.

15

LIEUX ET PAROISSES GARDE-COSTES.	NOMBRE D'HOMMES qu'elles fourniront.	SOMMES qu'elles auront à payer	
		Pour l'armement à payer une feule fois.	Pour les dépenfes annuelles.

Compagnie de Saint-Jérôme.

Saint-Jérôme & la Rofe.	35 hommes.	630 liv.	350 liv.
Saint-Juft.	15	270	150.
	50.	900.	500.

Compagnie de Sainte-Marguerite.

Sainte-Marguerite.	18	324	180.
Saint-Loup.	22	396	220.
Le Rouet & la Capelete.	10	180	100.
	50.	900.	500.

Compagnie de la Pomme.

La Pomme. Saint-Dominique. Le Comtes. Saint-Jean du Defert.	12	216	120.
Saint-Marcel.	25	450	250.
Saint-Julien.	13	234	130.
	50.	900.	500.

Compagnie de Saint-Ginier.

Saint-Ginier. Notre-Dame de la Garde.	16	288	160.
Saint-Barnabé.	11	198	110.
La Magdelaine.	5	90	50.
Saint-Pierre.	4	72	40.
Montredon. Bonnevene.	11	198	110.
Mazargues.	3	54	30.
	50.	900.	500.

TOTAL DU BATAILLON DE MARSEILLE.	600 hommes.	10800 liv.	6000 liv.

Le bataillon s'affemblera à la plaine de Saint-Michel à Marfeille, & les revûes particulières des compagnies fe feront dans les lieux dont chaque compagnie portera le nom.

LIEUX ET PAROISSES GARDE-COSTES.	NOMBRE D'HOMMES qu'elles fourniront.	SOMMES qu'elles auront à payer	
		Pour l'armement à payer une seule fois.	Pour les dépenses annuelles.

DÉTACHEMENT DU MARTIGUES.

Compagnie du Martigues.

Le Martigues.	35 hommes.	630 liv.	350 liv.
Carry.	1	18	10.
Pontoux.	1	18	10.
Notre-Dame de la Mer.	13	234	130.
	50.	900.	500.

Compagnie d'Istres.

Istres.	24	432	240.
Fosse-Martigues.	4	72	40.
Saint-Mitre.	8	144	80.
Miramas.	14	252	140.
	50.	900.	500.

Compagnie de Saint-Chamas.

Saint-Chamas.	20	360	200.
Lançon.	20	360	200.
Ventabren.	10	180	100.
	50.	900.	500.

Compagnie de Berre.

Berre.	24	432	240.
La Fare.	2	36	20.
Vitrolles.	10	180	100.
Velaux.	5	90	50.
Rognac.	6	108	60.
Le Val-Saint-Pierre.	1	18	10.
La Couronne.	1	18	10.
Calissane.	1	18	10.
	50.	900.	500.
TOTAL DU DÉTACHEMENT DU MARTIGUES.	200 hommes.	3600 liv.	2000 liv.

Le détachement s'assemblera au Martigues, & les revûes particulières des compagnies se feront dans les lieux dont chaque compagnie portera le nom.

Du 27. Avril 1746.

17

LIEUX ET PAROISSES GARDE-COSTES.	NOMBRE D'HOMMES qu'elles fourniront.	SOMMES qu'elles auront à payer	
		Pour l'armement à payer une feule fois.	Pour les dépenfes annuelles.

RÉCAPITULATION.

BATAILLON D'ANTIBES......	.. 600 hommes.	...10800 liv.	... 6000 liv.
BATAILLON DE TOULON ...	.. 600	...10800 ...	... 6000.
BATAILLON DE MARSEILLE..	.. 600	...10800 ...	... 6000.
DÉTACHEM.ᵀ DU MARTIGUES.	.. 200	... 3600 ...	... 2000.
TOTAL GÉNÉRAL...	2000 hommes.	36000 liv.	20000 liv.

REVENANT les fommes ci-deffus à payer par les lieux & communautés maritimes, fçavoir, celles pour l'armement, à payer une feule, fois à trente-fix mille livres, & celles deftinées aux dépenfes annuelles, à vingt mille livres.

Ordonne Sa Majefté que lefdites fommes, enfemble les fix deniers pour livre d'icelles pour frais de recouvrement & de recette, feront payées par les communautés dénommées au préfent règlement, chacune pour ce qui les concerne, entre les mains d'un ou plufieurs prépofez, qui feront à cet effet commis par le fieur Intendant de la province, fçavoir, celle de trente-fix mille livres, moitié au premier octobre prochain, & l'autre moitié au premier janvier fuivant : Et à l'égard des vingt mille livres deftinées pour les dépenfes annuelles, attendu qu'elles ne commenceront à courir que dudit jour premier octobre prochain, il en fera feulement payé la préfente année, un quartier dans le courant dudit mois d'octobre, & pour les années fuivantes ladite fomme fera payée de quartier en quartier, dans les mois de janvier, avril, juillet & octobre, pour être les deniers provenant de ladite contribution, employez fuivant les intentions de Sa Majefté, fur les ordres particuliers dudit fieur Intendant, auquel feulement les prépofez par lui nommez feront tenus de rendre compte de leur maniement, pour être lefdits comptes par lui envoyez au Sécretaire d'état ayant le département de la marine.

Veut Sa Majefté que les Confuls, Syndics & Prieurs des lieux où s'affembleront les bataillons deux fois l'année, & les compagnies une fois chacun des dix autres mois, foient Commiffaires des revûes garde-côtes en cette partie: Leur enjoint en conféquence de fe trouver exactement, ou l'un d'eux au moins, auxdites revûes, pour tenir un contrôle, dans lequel ils marqueront les Officiers & les Soldats préfens ou abfens, nom par nom & chacun fuivant fon grade, lequel contrôle fervira au payement de la folde, qui fera par eux fait aux Officiers & Soldats le jour même de la revûe, des deniers qui feront à cet effet remis auxdits Confuls par les foins & fur les ordres dudit fieur Intendant, auquel ils envoyeront un double de chaque revûe huitaine après qu'elle aura été faite. Ordonne au furplus Sa Majefté que les armes des Soldats garde-côtes feront dépofées immédiate-ment après les revûes, dans un magafin qui fera fourni à cet effet dans le quartier d'affemblée de chaque compagnie, par les Confuls, Syndics ou Prieurs defdits lieux, aux frais de la communauté, lef-quelles armes ne pourront être tirées du magafin que pour les re-vûes, ou pour d'autres caufes appartenantes au fervice, fur les ordres du Commandant du bataillon.

MANDE & ordonne Sa Majefté à Monf. le Duc de Penthievre Amiral de France, au Gouverneur ou Commandant général en Provence, & autres Officiers généraux employez fous l'autorité dudit Gouverneur ou Commandant; comme auffi à l'Intendant Commiffaire départi en ladite province, de tenir la main, chacun en droit foi, à l'exécution du préfent règlement, lequel fera lû, publié & affiché par-tout où befoin fera. FAIT à Verfailles le vingt-fept avril mil fept cens quarante-fix. *Signé* LOUIS. *Et plus bas,* PHELYPEAUX.

LE DUC DE PENTHIEVRE

Amiral de France.

VÛ le règlement du Roy ci-deffus, à nous adreffé avec ordre de tenir la main à fon exécution : MANDONS & ordonnons à tous ceux fur qui notre pouvoir s'étend, de le faire exécuter, & de le faire

Du 27. Avril 1746.

19

lire, publier & afficher par-tout où befoin fera, & en la manière
accoûtumée. FAIT à Verſailles le vingt-huit avril mil ſept cens
quarante-ſix. *Signé* L. J. M. DE BOURBON. *Et plus bas,*
par ſon Alteſſe ſéréniſſime. *Signé* ROMIEU.

POUR LE ROY. { *Collationné aux Originaux par Nous E'cuyer, Conſeiller*
Secrétaire du Roy, Maiſon, Couronne de France, & de
ſes finances.

A PARIS,
DE L'IMPRIMERIE ROYALE.

M. DCCXLVI.